Stefanie Kraus

Lernwerkstatt

Den Buddhismus kennen lernen

Infotexte / Aufgaben / Diskussionen
Sinnerfassendes Lesen / Mit Lösungen

Lernen mit Erfolg
KOHL VERLAG
Der Verlag mit dem Baum

www.kohlverlag.de

Nutzen Sie unseren bequemen Onlineshop!

• Ausführliche Informationen
• Aussagekräftige Leseproben
• Schnäppchen & besondere Angebote

www.kohlverlag.de

Lernwerkstatt
„Den Buddhismus kennen lernen"

1. Auflage 2013

© Kohl-Verlag, Kerpen 2013
Alle Rechte vorbehalten.

Inhalt: Stefanie Kraus
Umschlagbild: © Igor Ostapchuk - Fotolia.com
Grafik & Satz: Eva-Maria Noack / Kohl-Verlag
Druck: Medienzentrum Süd, Köln

Bestell-Nr. 11 259

ISBN: 978-3-86632-499-2

Inhalt

Lernwerkstatt „Den Buddhismus kennen lernen" – Bestell-Nr. 11 259

KOHL VERLAG
www.kohlverlag.de

Liebe Kolleginnen und Kollegen,

der vorliegende Band „Den Buddhismus kennen lernen" beschäftigt sich intensiv mit einer der fünf großen Weltreligionen. Aber was berechtigt eine Religion zur Weltreligion?

Religionswissenschaftler aus den unterschiedlichsten Kulturen beschäftigen sich seit Jahren mit dem Thema „Weltreligionen". Sie versuchen zu erklären, woran man eine Weltreligion erkennt und warum gerade diese Religion in ihren Augen zu einer Weltreligion zählt.

Sicher ist, dass es bis heute in den unterschiedlichsten Kulturen und religiös geprägten Gegenden keine einheitliche Definition über die Merkmale einer Weltreligion gibt.

Das ist nachvollziehbar, denn was genau sind nun die Eckpunkte, die eine Weltreligion ausmachen bzw. eine Religion berechtigt, sich als Weltreligion zu sehen? Bestimmt hierbei die Menge der Anhänger, der geschichtliche Hintergrund, das Alter der jeweiligen Religion, die flächendeckende Verbreitung, die grundlegenden Schriftstücke oder die endzeitliche Erlösung, sich den Stempel „Weltreligion" zu verleihen?

Sicher haben einige der genannten Punkte genug Gewicht, um für eine wichtige Religion in dieser Welt zu stehen. Aber vielleicht ist es heute auch sinnvoller, von den häufigsten „Religionen der Welt" zu sprechen, denn durch unsere Globalisierung ist es nicht mehr möglich, sie nur auf eine bestimmte Gegend oder ein bis zwei Kontinente zu begrenzen.

Die verschiedenen Religionen sind immer häufiger nebeneinander und in den unterschiedlichsten Orten der Welt zu finden. So wie sich unsere Kulturen immer mehr vermischen, vermischen sich auch die Religionen bzw. leben immer mehr Anhänger unterschiedlichster Religionen Tür an Tür.

Gerade die enge Nachbarschaft und die stärker werdende Globalisierung macht es immer wichtiger, dass wir uns selbst und vor allem auch unsere Kinder dafür sensibilisieren, sich auch in den unterschiedlichsten Religionen gegenseitig zu akzeptieren. Diese Akzeptanz kann nur entstehen, wenn man ein entsprechendes Grundwissen über die jeweilige Religion hat.

Viele Missverständnisse entstehen durch Unkenntnis. Unkenntnis und das sich Verschließen vor Unbekanntem kann sogar zu Kriegen führen! Sicher soll man nicht seine eigene Identität unterdrücken oder gar verleugnen, sich nicht unbedingt ändern, aber der Versuch, Neues zu kennen und verstehen zu lernen, bringt das gemeinsame Miteinander zum Erfolg. Gerade in unserer sich wandelnden Kultur, in der Wirtschaft und Gesellschaft sich immer schneller drehen, müssen Kinder und Jugendliche offen für die Welt sein.

Deshalb ist es sicher nie verkehrt, sie im eigenen Glauben zu bestärken und trotzdem Grundlagen für das Verstehen anderer Kulturen zu schaffen.

Alle weltlichen Kulturen sind bis zu einem gewissen Grad von der jeweilig vorherrschenden Religion geprägt. Dies zeigt sich vor allem auch in den Riten, Festen und den jeweiligen Bräuchen.

Lernwerkstatt „Den Buddhismus kennen lernen" – Bestell-Nr. 11 259

KOHL VERLAG
www.kohlverlag.de

Vorwort & methodisch-didaktische Hinweise

Die vorliegenden Kopiervorlagen zum Buddhismus sollen Grundkenntnisse für diese Religion schaffen und uns manche Dinge verständlich machen.

Sicher begegnen uns Traditionen und Geschichten, die unvorstellbar erscheinen, aber Wissen öffnet Horizonte!

Das vorliegende Material ist in drei große Bereiche unterteilt. Sie können die unterschiedlichsten Sozialformen zur Erarbeitung anwenden. Die umfangreichen Lösungen erlauben von Einzel- bis zu Gruppenarbeit die verschiedensten Vorgehensweisen. So ist es möglich, auch einzelne Bereiche (aus Zeitmangel oder sonstigen Gründen) wegzulassen oder nur einen Bereich, wie z.B. die Feste der Religion, herauszunehmen und beispielsweise mit einer anderen Religion vergleichen zu lassen. Die Möglichkeiten sind vielfältig.

Auch eine komplette Gruppenerarbeitung ist möglich. Die Klasse wird in drei Großgruppen aufgeteilt und jeder Gruppe nur ein Teil der Religion zugeteilt. Diese können ihren Bereich erarbeiten und zur Präsentation für die anderen Klassenmitglieder aufbereiten. So wird intensiv miteinander gelernt, aber auch Verantwortung vermittelt, da die Klassenkameraden nur durch die Präsentation der anderen etwas erlernen.

Ich wünsche Ihnen ein erfolgreiches und motivierendes Arbeiten mit den vorliegenden Kopiervorlagen! Ihre

Stefanie Kraus

Übrigens: Mit Schülern bzw. Lehrern sind im ganzen Band selbstverständlich auch die Schülerinnen und Lehrerinnen gemeint.

Bedeutung der Symbole:

 Einzelarbeit
EA

 Partnerarbeit
PA

 Arbeiten in kleinen Gruppen

 Arbeiten mit der ganzen Gruppe

 Lernwerkstatt „Den Buddhismus kennen lernen" – Bestell-Nr. 11 259

KOHL VERLAG
Der Verlag mit dem Baum
www.kohlverlag.de

Der Buddhismus ist eine Religion, die ursprünglich aus Indien stammt und in asiatischen Ländern am stärksten vertreten ist. Der Buddhismus stößt jedoch auch in westlichen Ländern zusehends auf Interesse. Mit rund 500 Millionen Mitgliedern ist der Buddhismus die viertgrößte Religion.

Stark verbreitet ist der Buddhismus in Sri Lanka, Laos, Thailand, Kambodscha, China, Nepal, Tibet, Korea, der Mongolei und Japan. Die Buddhisten studieren die Lehren Siddhartha Gautamas und versuchen das höchste Ziel zu erlangen, das Erreichen des Nirwana. Siddhartha Gautama wird auch Buddha genannt. Er ist keine Gottheit, sondern ein „Erleuchteter", der besondere Erkenntnisse erlangte und deshalb den Ehrentitel Buddha trägt.

Der Buddhismus wendet sich unabhängig von Nationalität, Geschlecht oder Hautfarbe an alle Menschen, die auf der Suche nach einem tieferen Sinn sind. Der Buddhismus gilt als die friedlichste aller Religionen und versucht Wege aus der Unvollkommenheit und dem Leid aufzuzeigen, hin zu mehr Zufriedenheit und Glück.

Als Sangha bezeichnet man im weitesten Sinne die Gemeinschaft der praktizierenden Buddhisten. Im engeren Sinne wird dieser Begriff lediglich für die Mönche und Nonnen verwendet, die im Kloster streng die Lehren des Buddha befolgen. Diese Lehren nennt man Dharma.

Aufgabe 1:   *Notiert alle Stichwörter, die euch zum Thema „Buddhismus" einfallen.*

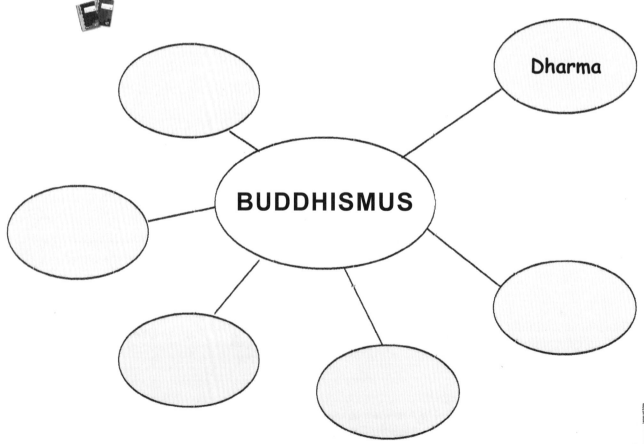

Lernwerkstatt „Den Buddhismus kennen lernen" – Bestell-Nr. 11 259

KOHL VERLAG
www.kohlverlag.de

PA

Aufgabe 2: *Übertragt die Tabelle in euer Heft/in euren Ordner und tragt in die Tabelle die Länder ein, in denen der Buddhismus weit verbreitet ist und fügt die passenden Kontinente hinzu. Markiert die Länder dann farbig in der Weltkarte.*

Land	Kontinent

EA

Aufgabe 3: *Beantworte die folgenden Fragen in vollständigen Sätzen.*

a) *Woher stammt der Buddhismus? In welchen Ländern ist er am stärksten vertreten?*

_____

_____

b) *An welche Bevölkerungsgruppe wendet sich der Buddhismus?*

_____

_____

c) *Welche Ziele verfolgt der Buddhismus?*

_____

_____

Lernwerkstatt „Den Buddhismus kennen lernen" – Bestell-Nr. 11 259

KOHL VERLAG www.kohlverlag.de

EA

Aufgabe 4: *Erkläre folgende Begrifffe mit deinen eigenen Worten.*

Dharma: _____

_____

_____

_____

_____

Sangha: _____

_____

_____

_____

_____

Buddha: _____

_____

_____

_____

_____

PA

Aufgabe 5: *Welche anderen „Weltreligionen" neben dem Buddhismus kennt ihr noch?*

- _____

- _____

- _____

- _____

Lernwerkstatt „Den Buddhismus kennen lernen" – Bestell-Nr. 11 259
KOHL VERLAG www.kohlverlag.de

Buddha als Vorbild

Buddha gilt als realer Mensch, der vor ca. 2500 Jahren im heutigen Nepal lebte. Dort wurde er als Sohn eines indischen Kleinkönigs geboren und trug den Namen Siddhartha Gautama.

Vor seiner Geburt soll er folgenden Weg zurückgelegt haben: Buddha soll sich zuerst im Tushita-Himmel aufgehalten haben, von wo er als weißer Elefant auf die Erde kam. Der weiße Elefant gilt heute noch als Zeichen für Würde und große Weisheit. Als weißer Elefant gelangt Buddha auch in den Leib seiner Mutter Maya.

Schon bei seiner Geburt sagten Brahmanen-Priester voraus, dass er ein großer König werden würde und der altehrwürdige Asita sagte voraus, er würde ein Buddha sein.

Siddhartha wuchs als königliches Kind wohlbehütet und frei von jedem Leid auf. Mit dem Elend kam er erstmals in Berührung, als er mit dem Pferdewagen Ausfahrten außerhalb des Palastes unternahm. Während der vier Ausfahrten begegneten ihm ein abgemagerter Greis, ein Schwerkranker, ein Leichnam und ein Bettelmönch. Der Bettelmönch beeindruckte Siddhartha besonders, denn obgleich er entsetzlich arm war, war er zu allen freundlich und frei von Hass und dachte selbstlos an das Heil und Wohlergehen der anderen Menschen. Schließlich wurde Siddhartha selbst Bettelmönch und lebte nach strengen Regeln.

Die Erleuchtung erlangte er in der sogenannten „Heiligen Nacht". Als er unter einem Feigenbaum saß und meditierte erlangte er die Erkenntnis, dass all das Leid und die Gewalt die ihn stetig umgaben endlich enden müssten. Die Menschen sollten lernen, sich von allen materiellen Wünschen zu lösen, denn sonst würde ihnen der Zugang ins Nirwana ewig verwehrt bleiben.

Siddhartha zog weiter durchs Land und hielt viele Predigten und gewann viele Schüler. Im Alter von 80 Jahren starb Buddha in Kushinagara und ging ins Parinirvana ein.

Aufgabe 1: *Stelle mit den folgenden Stichwörtern einen kleinen Informationstext über Buddha zusammen.*

EA

| Predigt | Nirwana | Siddharta Gautama | wohlbehütet |

| Feigenbaum | Bettelmönch | Tushita-Himmel |

_____

_____

_____

_____

_____

_____

Lernwerkstatt „Den Buddhismus kennen lernen" – Bestell-Nr. 11 259

KOHL VERLAG
Der Verlag mit dem Baum
www.kohlverlag.de

Aufgabe 2: *Löse das Kreuzworträtsel, indem du die Aufgaben beantwortest und die Begriffe in die Kästchen einträgst. Die Buchstaben in den grauen Kästchen ergeben, in die richtige Reihenfolge gebracht, ein Lösungswort.*

EA

1. Wo wurde Siddharta geboren?
2. Wo hielt er sich vor seiner Geburt auf?
3. Wer sagte voraus, dass Siddharta ein Buddha sein würde?
4. Was begegnete Siddharta, während seiner Ausfahrten?
5. Was erlangte Siddharta in der „Heiligen Nacht"?
6. Wo starb Buddha?

$Ä = AE$

Lösungswort:

Lernwerkstatt „Den Buddhismus kennen lernen" – Bestell-Nr. 11 259

www.kohlverlag.de

Die drei Wege

Im Buddhismus kann man drei unterschiedlichen Wegen folgen. Diese heißen Theravada, Mahayana und Vajrayana.

Der Weg des **Theravada** ist besonders für Menschen geeignet, die in erster Linie die Befreiung vom eigenen Leid anstreben. Daher muss bei diesem Weg das Hauptaugenmerk auf achtsames Verhalten gelegt werden. Die Theravada-Meditation konzentriert sich darauf, den Geist zu beruhigen und sich auf ein Objekt zu fokussieren. Auf diesem Weg gibt es fünf Gebote, an die man sich halten muss. Für Mönche kommen fünf weitere Regeln hinzu.

Der Weg des **Mahayana** wird auch Großer Weg genannt und strebt die Befreiung aller Menschen an. Dabei geht es darum, Liebe und Mitgefühl für sich und seine Mitmenschen zu entwickeln und alles zu teilen. Die Mahayana-Meditation arbeitet sehr stark mit der Motivation und der Entwicklung von Mitgefühl. Im Mahayana-Buddhismus spielt im Alltag das Vermeiden von Zorn eine große Rolle, denn nur ohne Zorn lässt sich ein Zustand höchsten Glücks erlangen. Weit verbreitet ist das innere Versprechen, das auch Bodhisattvaversprechen genannt wird und sich auf die Motivation eines jeden Menschen bezieht.

Der Weg des **Vajrayana** wird auch Diamantweg genannt und wird von Menschen eingeschlagen, die an ihr innewohnendes erleuchtetes Potenzial glauben. Diese Menschen glauben, dass das grundlegende Wesen eines Menschen von Liebe, Freude und Furchtlosigkeit erfüllt ist und in jedem Menschen etwas Gutes steckt. Bei der Vajrayana-Meditation ist die Meditation von großer Bedeutung. Indem man sich ein perfektes Vorbild sucht, kann man diese erstrebten Eigenschaften auch in sich erwecken. Dieser Weg geht davon aus, dass alle Lebewesen Buddhas sind, nur haben es noch nicht alle erkannt. Feste Verhaltensnormen gibt es nicht. Jeder Mensch sollte jedoch anstreben, jede Situation oder Erfahrung möglichst positiv zu gestalten und darin Freude zu sehen.

Aufgabe 3: a) *Nenne die drei verschiedenen buddhistischen Wege.*

EA

1) _____

2) _____

3) _____

b) *Schreibe deren Bedeutungen mit deinen eigenen Worten in dein Heft/in deinen Ordner.*

Bestell-Nr. 11 259

Lernwerkstatt „Den Buddhismus kennen lernen" – www.kohlverlag.de

Aufgabe 4:   *Ordne den Wegen die richtigen Aussagen zu.*

EA

| 1 | Bei dieser Art von Meditation geht es darum, Mitgefühl zu entwickeln. |

A

| Theravada | ○ |

| 2 | Dieser Weg wird auch als „Diamantweg" bezeichnet. |

| 3 | Auf diesem Weg muss man sich an fünf Regeln halten. |

C

| Mahayana | ○ |

| 4 | Bei diesem Weg ist das Vermeiden von Zorn sehr wichtig. |

B

| Vajrayana | ○ |

| 5 | Dieser Weg ist besonders für Menschen geeignet, die sich vom eigenen Leid befreien wollen. |

| 6 | Jeder Mensch sucht sich bei diesem Weg ein perfektes Vorbild, dem nachgeeifert wird. |

Aufgabe 5:   *Füllt die Tabelle mit den passenden Informationen aus dem Text.*

PA

Name des Weges	Synonym	Ziele des Weges	Absicht der Meditation	Umsetzung im Alltag

Lernwerkstatt „Den Buddhismus kennen lernen" – Bestell-Nr. 11 259

www.kohlverlag.de

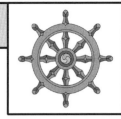

Das Heilige Buch

Das heilige Buch der Buddhisten nennt man Tripitaka, was so viel wie „Dreikorb" bedeutet. Die Schriften Buddhas wurden auf Palmblättern geschrieben in drei Körben gesammelt, daher stammt der Name Dreikorb.

Der erste Korb nennt sich **Vinaya**-Pitaka und beinhaltet die Lebens- und Verhaltensregeln für Mönche und Nonnen. In diesem Korb werden auch die Entstehung des Ordens und die damit verbundenen Regeln beschrieben und erklärt.

Der zweite Korb heißt **Sutra**-Pitaka. In ihm befinden sich Erzählungen über das Leben Buddhas und Predigten von Siddhartha Gautama. Der zweite Korb besteht aus fünf verschiedenen Sammlungen.

Der dritte und letzte Korb wird **Abhidharma** genannt und enthält die Schriften über die Lehre. Diese 7 Bücher sind besonders für den Theravada-Buddhismus von sehr großer Bedeutung. In diesem letzten Teil werden vor allem philosophische Themen behandelt.

Aufgabe 6: *Benenne die drei Körbe des Tripitakas und gib in deinen eigenen Worten wieder, welcher Inhalt sich in den jeweiligen Schriften befindet.*

EA

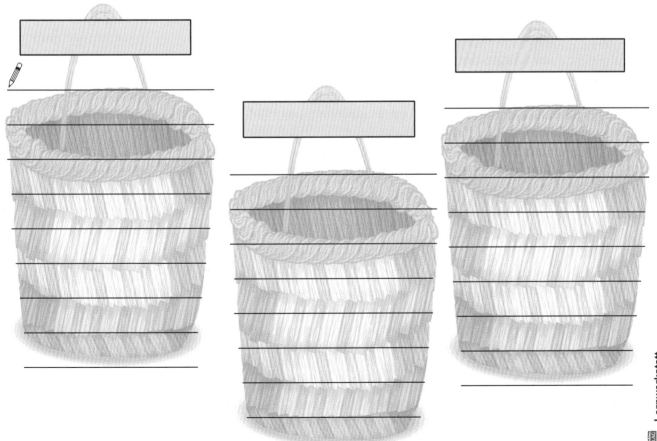

Aufgabe 7: *Wie heißen die heiligen Bücher der anderen Weltreligionen und was steht in ihnen geschrieben? Recherchiert wenn nötig im Internet.*

Aufgabe 8: *Lest euch die folgenden Textausschnitte aufmerksam durch. Der eine Text ist aus dem Korb Sutra und der andere aus der Bibel. Ordnet den beiden Texten das Buch zu und diskutiert, um was es in den jeweiligen Texten geht. Findet ihr Unterschiede zwischen den beiden Texten? Schreibt sie in euer Heft.*

Den Hass nicht zu erwidern, das ist unser Glück;
Und hassen andre uns, wir hassen nicht zurück.

Welch Glück! Von allem Leid der Welt sind wir befreit;
Voll Leiden ist die Welt, doch wir sind ohne Leid.

In gierverzehrter Welt, wie glücklich leben wir!
Wenn andre gierig sind, sind wir doch frei von Gier.

3 Er sagte aber zu ihnen dies Gleichnis und sprach: **4** Welcher Mensch ist unter euch, der hundert Schafe hat und, so er der eines verliert, der nicht lasse die neunundneunzig in der Wüste und hingehe nach dem verlorenen, bis dass er's finde? **5** Und wenn er's gefunden hat, so legt er's auf seine Achseln mit Freuden. **6** Und wenn er heimkommt, ruft er seine Freunde und Nachbarn und spricht zu ihnen: Freuet euch mit mir; denn ich habe mein Schaf gefunden, das verloren war. **7** Ich sage euch: Also wird auch Freude im Himmel sein über einen Sünder, der Buße tut, vor neunundneunzig Gerechten, die der Buße nicht bedürfen.

Lernwerkstatt
„Den Buddhismus kennen lernen" – Bestell-Nr. 11 259

KOHL VERLAG
www.kohlverlag.de

I. Geschichte – Hintergründe – Glauben

Die Buddhistische Meditation

Das Meditieren wurde nicht von Buddha erfunden. Es gibt wohl in jeder Religion und Kultur bestimmte Methoden, um sich zu konzentrieren und zu sammeln. Das Ziel der buddhistischen Meditation ist es, sich von allen störenden Ängsten, Gefühlen und Gedanken zu befreien. Dafür gibt es bestimmte Meditationsformen, die helfen sollen den Geist des Meditierenden zu beruhigen. Die Konzentration auf die eigene Atmung kann dabei ebenso hilfreich sein, wie beispielsweise die Konzentration auf ein Hilfsmittel, wie eine Statue oder Kerze. Die höchsten Ziele der buddhistischen Meditation sind die Befreiung von negativen oder störenden Emotionen, das Sammeln positiver Eindrücke, die Überwindung egoistischer Gedanken und Handlungen, sowie die Identifizierung mit unserer eigenen Buddha-Natur.

Aufgabe 9: *Überlegt euch, welches Ziel das Meditieren im Buddhismus hat. Notiert euch zunächst Stichworte und diskutiert anschließend in der Klasse darüber. Bezieht dabei die meditativen Ziele der drei buddhistischen Wege mit ein.*
Welche Formen der Meditation kennst du bereits?

PA

Aufgabe 10: *Schneide die nachfolgenden Kästchen sorgfältig aus und klebe sie in einer logischen Reihenfolge in dein Heft.*

EA

A
Atme tief ein und aus.

B
Versuche alle Gedanken gehen zu lassen.

C
Setze dich in eine bequeme Sitzposition.

D
Schließe deine Augen.

E
Versetze dich gedanklich in die Natur.

F
Kehre langsam gedanklich wieder zurück in den Raum.

G
Versuche dich innerlich wirklich auf die Meditation einzulassen.

H
Suche dir einen ruhigen Platz aus.

Lernwerkstatt „Den Buddhismus kennen lernen" – Bestell-Nr. 11 259

KOHL VERLAG
Der Verlag mit dem Baum
www.kohlverlag.de

EA

Aufgabe 11: *Suche dir im Klassenzimmer einen Platz der dir gefällt und lasse dich auf die Baum-Meditation ein, die dir dein Lehrer vorliest.*

Setz dich im Schneidersitz auf ein Kissen,
lege die Hände auf die Oberschenkel
oder lege sie wie zwei Schalen im Schoß übereinander,
spüre wie schön gerade aufgerichtet dein Rücken ist,
halte die Schultern entspannt,
atme einmal tief durch,
und spüre beim Ausatmen, dass du hier an diesem Platz ankommst.
Die Augen kannst du geschlossen halten oder offen, wie es dir besser gefällt,
Wenn der kleine Gong schlägt, dann erlaubst du der Welt um dich herum, sich aufzulösen,
sich zu verwandeln, und sich bereitzumachen für eine Welt, die du in deinem Kopf erschaffst.

Gong

Am besten du schließt jetzt die Augen,
Vor deinem inneren Auge,
in deinem Kopf, in deiner Fantasie,
entsteht eine Landschaft,
schön grün ist sie, du siehst einen Wald,
es ist Frühling, die Luft ist angenehm warm,
es weht ein leichter Wind,
und du riechst den Blütenduft, der in der Luft liegt.
Es riecht auch nach Wald, nach frischem Grün und feuchtem Gras.
Du schaust dich um
und da siehst du vor dir einen Baum,
einen großen Baum
mit einem starken dicken Stamm und weit ausladenden Ästen.
Er steht alleine da, mitten im Wald zwar, in einer Lichtung,
um ihn herum ist viel Platz.
Gras wächst am Boden, kleine Sträucher,
du entdeckst sogar ein paar blühende Blumen dort,
wo seine Wurzeln im Boden verschwinden.
Und beim nächsten Gong bist du mit dem Baum verbunden,
du bist selbst der Baum geworden.

Gong

Deine Wurzeln reichen bis tief in den Waldboden hinab. Starke, dicke Wurzeln sind es,
du spürst, wie sie sich in das Erdreich hinein verästeln.
Erst sind sie kräftig, stark und mächtig,
dann werden sie schmaler, feiner,
überall im Erdreich finden sie Halt
und Nahrung durch Millionen feinster Würzelchen,
die sich in die Erde hinein vortasten.
Dein Stamm ist dick und aufrecht steht er da.
Er ragt majestätisch in die Höhe.
Weit ausladend sind deine Äste, überall sind frische grüne Blätter gewachsen.
Sie hängen an festen Stängeln an deinen Ästen.

Und wenn der Wind ein bisschen heftiger bläst, dann bewegen sie sich und klatschen gegeneinander, sodass ein lustiges Geräusch entsteht.
Du kannst noch mehr in die Höhe wachsen,
du kannst noch mehr Blätter sprießen lassen,
du kannst auch noch mehr Wurzeln bilden.
Das fühlt sich gut an.
So prickelnd und kraftvoll zugleich.
So fühlt sich Grün an, Grünen und Wachsen, voller Vertrauen sein.
Du hast Kraft genug, um Blüten für den Baum vorzubereiten.
Du weißt, dass viel Sonne auf deine Blätter und Blüten scheinen wird,
dass die Wärme, der Regen und das Sonnenlicht aus diesen Blüten
Düfte entstehen lassen,
die die Schmetterlinge, Bienen und Hummeln anlocken werden.
Aus den Blüten werden Früchte werden, und je nachdem, was für ein Baum du bist,
werden sie groß und saftig,
oder hart und fest sein.
Du stehst in deiner Wachstumskraft im Wind,
deine Blätter klatschen munter gegeneinander,
du fühlst die Verwurzelung im Boden,
du genießt das Durchflutet-Werden von Lichtkraft und du weißt,
dass alles gut ist.
In diesem Gefühl bleibst du eine kleine Weile
und du genießt, wie gut es sich anfühlt,
einfach nur zu sein.
Dann löst du dich von der Verbindung mit dem Baum,
und wenn der kleine Gong schlägt,
stehst du wieder auf der Wiese im Wald,
und wenn der Gong das nächste Mal schlägt,
sitzt du wieder in deinem Zimmer.

Gong, Gong

Du spürst, wie schön gerade aufgerichtet dein Rücken ist,
wie dein Kopf zwischen den beiden Schultern ist,
wie entspannt deine Arme auf den Oberschenkeln oder im Schoß liegen,
du spürst deinen Po auf der Unterlage, auf der du sitzt,
du fühlst deinen Atem kommen und gehen,
wie er einströmt
und ausströmt,
du spürst,
wie du das Licht, die Erdkraft und das starke Sein des Baumes in dir trägst,
und jetzt schlägst du deine Augen auf
und siehst dein Zimmer, in dem du sitzt.
Du bedankst dich bei dem Baum, der du selber warst,
für das, was er dir geschenkt hat,
und wünschst allen Menschen und Tieren dieser Welt,
dass sie an diesem Geschenk teilhaben.

Quelle: Website der Deutschen Buddhistischen Union; Autorin: Andrea Liebers, http://www.buddhismus-deutschland.de/wp-content/uploads/G-baum-meditation.pdf

Lernwerkstatt „Den Buddhismus kennen lernen" – Bestell-Nr. 11 259

KOHL VERLAG
Der Verlag mit dem Baum
www.kohlverlag.de

I. Geschichte – Hintergründe – Glauben

Die Wiedergeburt

Die Wiedergeburt eines Menschen oder Tieres ist in unserer Gesellschaft ein sehr umstrittenes Thema. Manche glauben daran, andere bestreiten, dass es eine Wiedergeburt gibt und sind der festen Überzeugung, dass mit dem Tod alles Leben schlagartig endet.

Die Buddhisten glauben an die Wiedergeburt, die sogenannte Reinkarnation. Das bedeutet, dass die menschliche Seele entweder unmittelbar nach dem Tod oder nach einer gewissen Verzögerung, in einem anderen Körper wiedergeboren wird. Unser Geist durchläuft mehrere Leben, bis er irgendwann ins Nirwana eingeht. Unser Karma wirkt nicht nur auf unser jetziges Leben, sondern auch auf unser nächstes Leben ein, ebenso wie dieses Leben vom Karma unseres letzten Lebens bestimmt ist.

EA

Aufgabe 12: *Kreuze die richtigen Aussagen zum Thema Wiedergeburt im Buddhismus an.*

☒ Richtig

a) ☐ *Die Buddhisten glauben nicht an die Wiedergeburt.*

b) ☐ *Die Buddhisten glauben, dass sie nur als Tiere wiedergeboren werden.*

c) ☐ *Die Wiedergeburt wird im Buddhismus auch Reinkarnation genannt.*

d) ☐ *Das Karma hat keine Auswirkung.*

e) ☐ *Man durchläuft als Buddhist mehrere Leben.*

f) ☐ *Die niedrigste Stufe im Kreislauf des Lebens ist das Eingehen in das Nirwana.*

PA

Aufgabe 13: *Recherchiert mithilfe des Lexikons die Bedeutung des Wortes „Karma" und erklärt, welchen Stellenwert es im Buddhismus hat.*

🖉 _____

_____

_____

_____

_____

Lernwerkstatt „Den Buddhismus kennen lernen" – Bestell-Nr. 11 259

KOHL VERLAG
www.kohlverlag.de

EA

Aufgabe 14: *Fülle in den folgenden Lückentext die passenden Begriffe ein. Wenn du nicht weiter weißt, lies noch einmal nach.*

Viele Menschen diskutieren heutzutage, ob es die _____

gibt. Die Wiedergeburt in einem neuen _____ verläuft unter-

schiedlich. Entweder man wird im Körper eines _____ oder in

den eines _____ hinein geboren. Dabei durchläuft der _____

viele Leben, bis er ins _____

eingeht. Das _____ verhilft

dem Menschen entweder _____

oder langsam ins Nirwana zu gelangen. Es

wirkt auch auf unser

_____ Leben ein.

PA

Aufgabe 15: *Ordne die folgenden Begriffe passend zu den jeweiligen Weltreligionen zu.*

> **Reinkarnation – Jesus – Reinkarnation – Nirwana – Kastensystem –
> Tora – Leichnam Richtung Mekka – Synagoge – Himmelreich – Moschee**

Christentum	Buddhismus	Hinduismus	Judentum	Islam

Lernwerkstatt „Den Buddhismus kennen lernen" – Bestell-Nr. 11 259

KOHL VERLAG
www.kohlverlag.de

I. Geschichte – Hintergründe – Glauben

Samsara und Nirwana

Das Samsara beschreibt den ewigen Kreislauf des Leidens und der Reinkarnation. Ausschlaggebend für diesen Kreislauf ist das Karma des Menschen.

Gute und schlechte Taten haben dabei einen direkten Einfluss auf unsere Wiedergeburt.

Das Nirwana zu erreichen bedeutet aus dem Samsara auszutreten. Dieser Austritt ist nur durch Erreichen der Erleuchtung möglich. Durch das „Erlöschen" wie das Nirwana auch genannt wird, wird das Ich-Bewusstsein ausgelöscht. Die erleuchtete Person nimmt sich nicht mehr abgetrennt von ihrem Umfeld wahr. Zumeist ist das Erreichen des Nirwana mit intensiver Meditation verbunden.

Aufgabe 16: *Setzt die unten vorgegebenen Begriffe an der richtigen Stelle in das Schaubild ein.*

PA

| Geburt | | Tod | | gutes / schlechtes Karma | | Nirwana |

| Reinkarnation | | Erleuchtung | | Meditation |

Lernwerkstatt „Den Buddhismus kennen lernen" – Bestell-Nr. 11 259

KOHL VERLAG
www.kohlverlag.de

Der Dalai Lama

Der buddhistische Mönch Tenzin Gyatso ist seit 1935 der vierzehnte Dalai Lama. Stirbt er, wird ein neuer Dalai Lama kommen. Dalai Lama bedeutet eigentlich Lehrer, dessen Weisheit so groß ist wie der Ozean.

Der vierzehnte Dalai Lama war das weltliche Oberhaupt von Tibet, bis die Chinesen in das Land einmarschierten. Dann floh der Dalai Lama und gründete in Nordindien eine Exilregierung. Der Dalai Lama ist Weisheitslehrer, Friedenskämpfer und der Sprecher der buddhistischen Welt. Er reist oft durch die ganze Welt und setzt sich stark für den Frieden ein. Der jetzige Dalai Lama erhielt 1989 den Friedensnobelpreis.

Dalai-Lama

Aufgabe 17: *Kreuze an, ob die folgenden Aussagen richtig (**R**) oder falsch (**F**) sind. Sind die Aussagen falsch, so verbessere sie.*

EA

	Aussage	R	F
a)	Tenzin Gyatso ist der dreizehnte Dalai-Lama.		
b)	Dalai Lama bedeutet Lehrer, dessen Weisheit so groß wie der Ozean ist.		
c)	Bis zum Einmarsch der Chinesen war der vierzehnte Dalai Lama der östliche Kriegsherr der Buddhisten.		
d)	Der Dalai Lama gründete nach der Flucht aus Tibet eine Exilregierung.		
e)	Der Dalai Lama ist der Sprecher der buddhistischen Welt.		
f)	Kein Dalai Lama erhielt je einen Friedensnobelpreis.		

Verbesserung der falschen Aussagen:

Lernwerkstatt „Den Buddhismus kennen lernen" – Bestell-Nr. 11 259

KOHL VERLAG
Der Verlag mit dem Baum
www.kohlverlag.de

EA

Aufgabe 18: *Besorge dir (z.B. im Internet) ein Bild des aktuellen Dalai Lamas, klebe es in das Kästchen und fülle den Steckbrief aus.*

– Bild des aktuellen Dalai Lamas –

Geburtsort: _____

Geboren im Jahre: _____

Bürgerlicher Name: _____

_____

Wievielter Dalai Lama: _____

Ursprüngliche Aufgabe: _____

_____

Heutige Aufgabe: _____

_____

_____

_____

_____

Auszeichnungen: _____

_____

Dalai Lama bedeutet: _____

_____

PA

Aufgabe 19: *Gibt es in den anderen Weltreligionen lebende Persönlichkeiten, die mit dem Dalai Lama vergleichbar sind? Diskutiere zunächst mit deinem Sitznachbarn und schreibt dann das Ergebnis eures Gesprächs in euer Heft/in euren Ordner.*

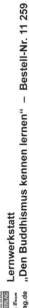
Lernwerkstatt „Den Buddhismus kennen lernen" – Bestell-Nr. 11 259

KOHL VERLAG
www.kohlverlag.de

II. Feste des Buddhismus

Allgemeine Feste

Uposatha ist ein buddhistischer Feiertag, der besonders im Theravada-Buddhismus von großer Bedeutung ist. Dabei handelt es sich um einen Tag der inneren Einkehr, an dem die Lehren des Dhamma-Rads (Radder Lehre) neu verinnerlicht werden. Uposatha-Tage finden jede Woche statt und sind mit dem Sonntag im Christentum oder dem Sabbat im Judentum vergleichbar. Da Uposatha jedoch nicht immer auf die Wochenenden fällt, wird niemand verurteilt, wenn er diese Tage nicht traditionell zelebriert. Wenn möglich besuchen Laien an diesem Tag ein buddhistisches Kloster, lassen sich von den Mönchen in den Lehren Buddhas unterweisen und hinterlegen dem Kloster kleine Spenden.

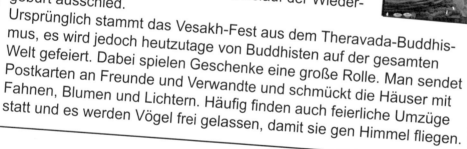

Das **Vesakh-Fest** wird zu Ehren der Geburt Buddhas gefeiert und ist der höchste buddhistische Feiertag. Es wird am ersten Vollmond des Monats Mai zelebriert. Man gedenkt dabei der heiligen Nacht, in der Buddha zum „Erwachten" wurde und nach seinem Tod ins Nirwana einzog und somit aus dem Kreislauf der Wiedergeburt ausschied.

Ursprünglich stammt das Vesakh-Fest aus dem Theravada-Buddhismus, es wird jedoch heutzutage von Buddhisten auf der gesamten Welt gefeiert. Dabei spielen Geschenke eine große Rolle. Man sendet Postkarten an Freunde und Verwandte und schmückt die Häuser mit Fahnen, Blumen und Lichtern. Häufig finden auch feierliche Umzüge statt und es werden Vögel frei gelassen, damit sie gen Himmel fliegen.

Asalha Puja ist eines der wichtigsten Feste im Buddhismus. Es findet am Tage des Vollmonds im Juli statt. Auf das Asalha Puja-Fest folgt die buddhistische Fastenzeit **Khao Phansa**, die drei Monate andauert.

Asalha Puja erinnert an die erste Rede Buddhas vor seinen fünf Gefolgsleuten, nachdem er erleuchtet wurde. In dieser Predigt sind bereits alle Grundgedanken des Buddhismus enthalten, denn Buddha spricht unter anderem vom Rad der Lehre und den vier edlen Wahrheiten. Bei dieser ersten Predigt erlangte der Gefolgsmann Kondanna die erste Stufe der Erleuchtung und wurde daraufhin von Buddha zum ersten Mönch ernannt. Während der dreimonatigen Fastenzeit bleiben die Mönche in ihren Wats und studieren die Lehren Buddhas, kommen ihren Pflichten als Mönch nach und meditieren verstärkt.

KOHL VERLAG

Lernwerkstatt „Den Buddhismus kennen lernen" – Bestell-Nr. 11 259

www.kohlverlag.de

II. Feste des Buddhismus

Die **Regenzeit** dauert von Mitte Juli bis Mitte Oktober. Während dieser drei Monate widmen sich die Nonnen und Mönche in den Klöstern intensiv der Meditation, der Belehrung und der Rezitation der Lehren Buddhas. In dieser Zeit gilt es, wenn möglich, nicht umherzureisen und die Ordensregeln noch strenger als sonst zu befolgen.
Zum Ende der Regenzeit wird zu Ehren Buddhas die **Kathina-Zeremonie** gefeiert, die daran erinnern soll, wie Buddha vom Tushita-Himmel auf die Erde kam.
An diesem Tag erhalten alle Mönche neue ocker- oder braunfarbene Gewänder und Essensspenden.

Das **Esala-Perahera-Fest** wird jedes Jahr vor dem ersten Vollmond im August zelebriert. Besonders auf Sri Lanka erfreut sich das Fest größter Beliebtheit.
Das Esala Perahara-Fest ist ein Umzug, bei dem der Zahn Buddhas auf dem Rücken eines besonderen Elefanten, dem Maligawa Tusker, dem Elefanten des Tempels, in einem goldenen Schrein durch die Straßen getragen wird. Reich geschmückte Elefanten ziehen mit Trommlern, Tänzern und Akrobaten zehn Tage lang durch die Straßen.
Es ist ein Fest zu Erinnerung daran, wie der junge Siddharta Gautama aus dem Palast der Eltern auszog, Buddha wurde und seine erste Predigt hielt.

EA

Aufgabe 1: *Beantworte die folgenden Fragen in vollständigen Sätzen.*

a) *Woher kam Buddha, als er auf die Erde gelangte?*

_____

_____

b) *Was bekommen alle Mönche am Ende der Regenzeit?*

_____

_____

c) *Woran gedenkt man beim Vesakh-Fest?*

_____

_____

Lernwerkstatt „Den Buddhismus kennen lernen" – Bestell-Nr. 11 259

KOHL VERLAG
Der Verlag mit dem Baum
www.kohlverlag.de

Seite 23

d) *Was sendet man am Vesakh-Fest Freunden und Verwandten?*

🖉 _____

_____

e) *Was trägt der Maligawa Tusker beim Esala Perahera-Fest auf seinem Rücken?*

_____

_____

f) *Für welche buddhistische Richtung ist der Uposatha-Feiertag besonders wichtig und wie zelebrieren die praktizierenden Buddhisten diesen Tag?*

_____

_____

g) *Welches Ereignis wird an Asalha Puja gefeiert?*

_____

_____

h) *Welcher Aufgabe gehen die Mönche während der dreimonatigen Fastenzeit Khao Phansa nach?*

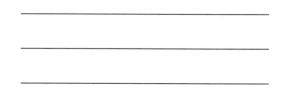

_____

_____

_____

_____

_____

Aufgabe 2: *Wählt in eurer Kleingruppe eines der oben genannten Feste aus und gestaltet dazu gemeinsam ein Plakat, welches ihr danach eurer Klasse vorstellt.*

Lernwerkstatt „Den Buddhismus kennen lernen" – Bestell-Nr. 11 259

KOHL VERLAG
Der Verlag mit dem Baum
www.kohlverlag.de

II. Feste des Buddhismus

Persönliche Feste

Die menschliche **Geburt** wird im Buddhismus als etwas sehr kostbares angesehen. Anders als Tiere oder Pflanzen sind Menschen dazu fähig, höhere Schlüsse zu ziehen und ihr Karma zu verbessern und sich somit aus dem Kreislauf des zyklischen Daseins zu befreien.

Oftmals ziehen Buddhisten bei der **Namensgebung** einen Mönch zu Rate, der sie bei dieser wichtigen Entscheidung berät. Dabei kommt es nicht nur auf einen schönen Klanglaut des Namens an, sondern dieser sollte zudem eine möglichst positive Bedeutung haben.

Für Buddhisten ist die **Eheschließung** eher eine soziale, als eine religiöse Lebensgemeinschaft. Auch die Hochzeit kann je nach Land und buddhistischer Glaubensrichtung ganz unterschiedlich zelebriert werden. Damit eine Ehe gültig ist, muss sie zunächst standesamtlich geschlossen werden. Meist sind bei der Hochzeit, die zuhause stattfindet, neun Mönche anwesend, denn die neun gilt im Buddhismus als Glückszahl. Da für die Mönche feste Vorschriften gelten, findet die Eheschließung früh am Morgen statt. Nachdem ein buddhistischer Mönch die Trauung vollzogen hat, wird das Brautpaar von jedem Gast mit Wasser gesegnet. Ein traditionelles Ritual, dass dem Brautpaar Glück bringen soll, ist das Durchschneiden eines Seils, das vor der Haustür von zwei Brautjungfern gehalten wird. Die Hochzeitsgemeinschaft feiert nach der Zeremonie noch bis in die Abendstunden. Da für die Hochzeit sehr hohe Gebühren aufgebracht werden müssen, verzichten viele Paare auf die Eheschließung.

Der Tod und die Beerdigung

Buddha lehnte die Sichtweise ab, dass mit dem Tod alles Leben endet. Ebenso wenig war er jedoch der Überzeugung, dass es eine ewige Seele gebe. Nach der Ansicht Buddhas tritt der Sterbende unmittelbar nach dem letzten Sterbemoment erneut in Form des ersten Moments im Mutterleib in den Kreislauf des Lebens ein.

Je nach der buddhistischer Richtung gibt es ganz unterschiedliche Bestattungsrituale. In den meisten Fällen sind bei der Bestattung die Angehörigen und Mönche anwesend, die Sutren rezitieren und Lehrreden halten. Die Angehörigen verteilen Almosen, um die Wiedergeburt des Toten positiv zu beeinflussen. Meist werden die Toten verbrannt und die Asche begraben.

Lernwerkstatt „Den Buddhismus kennen lernen" – Bestell-Nr. 11 259

KOHL VERLAG Der Verlag mit dem Baum
www.kohlverlag.de

II. Feste des Buddhismus

Aufgabe 3: Wie laufen religiöse Feste in deiner Familie oder Verwandschaft ab? Tausche dich auch mit deinem Sitznachbarn aus.

_____

_____

_____

_____

_____

Gibt es in deinem Freundeskreis auch Menschen, die diese Feste anders feiern?

_____

_____

PA

EA

Aufgabe 4: Beschreibe das untere Bild und stelle Vermutungen an, welches buddhistische Fest das sein könnte. Begründe deine Meinung!

_____

_____

_____

_____

Lernwerkstatt „Den Buddhismus kennen lernen" – Bestell-Nr. 11 259
KOHL VERLAG
www.kohlverlag.de

Regeln und Gebote

Nachfolgend werden hier die wichtigsten buddhistischen Regeln und Gebote aufgeführt:

- Ich will keine Lebewesen töten.
- Ich will nicht nehmen, was mir nicht gegeben wurde.
- Ich will nichts Unsittliches tun.
- Ich will nicht lügen.
- Ich will keine berauschenden Mittel nehmen.

Für buddhistische Mönche und Nonnen gibt es fünf weitere wichtige Gebote:

- Ich will nicht zu unerlaubter Zeit essen.
- Ich will mich nicht an Musik, Tanz oder Schauspiel erfreuen.
- Ich will keinen Schmuck oder wohlriechende Kosmetika verwenden.
- Ich will nicht in einem hohen und breiten Bett schlafen.
- Ich will kein Gold oder Silber annehmen.

Aufgabe 1: *Diskutiere mit deinem Partner, welche Regeln eurer Meinung nach sinnvoll sind und welche nicht. Kreuze die sinnvollen Regeln an. Gibt es Regeln, die euch überraschen oder Regeln, die eurem Empfinden nach fehlen? Ergänzt diese.*

EA

- ☐ Ich will keine Lebewesen töten.
- ☐ Ich will nicht nehmen, was mir nicht gegeben wurde.
- ☐ Ich will nichts Unsittliches tun.
- ☐ Ich will nicht lügen.
- ☐ Ich will keine berauschenden Mittel nehmen.
- ☐ Ich will nicht zu unerlaubter Zeit essen.
- ☐ Ich will mich nicht an Musik, Tanz oder Schauspiel erfreuen.
- ☐ Ich will keinen Schmuck oder wohlriechende Kosmetika verwenden.
- ☐ Ich will nicht in einem hohen und breiten Bett schlafen.
- ☐ Ich will kein Gold oder Silber annehmen.

Diese Regeln würde ich ergänzen:

- ✏ _____
- _____
- _____

III. Bräuche, Weisheiten und Riten

EA

Aufgabe 2: *Vergleiche die buddistischen Regeln und Gebote mit den zehn Geboten aus der Bibel. Halte die Unterschiede und Gemeinsamkeiten in einer Tabelle fest.*

Das erste Gebot
Ich bin der Herr, dein Gott.
Du sollst keine anderen Götter neben mir haben.

Das zweite Gebot
Du sollst den Namen des Herrn, deines Gottes, nicht missbrauchen.

Das dritte Gebot
Du sollst den Feiertag heiligen.

Das vierte Gebot
Du sollst deinen Vater und deine Mutter ehren.

Das fünfte Gebot
Du sollst nicht töten.

Das sechste Gebot
Du sollst nicht ehebrechen.

Das siebte Gebot
Du sollst nicht stehlen.

Das achte Gebot
Du sollst nicht falsch Zeugnis reden wider deinen Nächsten.

Das neunte Gebot
Du sollst nicht begehren deines Nächsten Haus.

Das zehnte Gebot
Du sollst nicht begehren deines Nächsten Weib, Knecht, Magd, Vieh noch alles, was dein Nächster hat.

	Zehn Gebote des Christen-/Judentums	Buddhistische Gebote und Regeln
Gemein-samkeiten		
Unter-schiede		

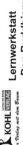

KOHL VERLAG
Lernwerkstatt
„Den Buddhismus kennen lernen" — Bestell-Nr. 11 259
www.kohlverlag.de

III. Bräuche, Weisheiten und Riten

Den Glauben leben

Buddhisten beten überwiegend zu Hause. Fast alle Buddhisten haben in ihrem Haus einen kleinen Schrein mit einer kleinen Buddha Statue, vor die sie sich barfuß auf den Boden setzen und meditieren oder beten. Gelegentlich besuchen auch die Mönche aus den Klöstern die Menschen in ihren Häusern und beten mit ihnen. Zum Zeichen, dass die Mönche höhergestellt sind, dürfen sie auf Stühlen sitzen. Dann beten sie gemeinsam. Weihrauch, Lotusblüten und Kerzen sind beliebte Opfer. Eines der wichtigsten Gebete der Buddhisten ist die „Dreifache Zufluchtnahme":

„Ich nehme meine Zuflucht zum Buddha!
Ich nehme meine Zuflucht zur Lehre!
Ich nehme meine Zuflucht zur Gemeinde!"

Buddhisten haben vier wichtige Grundeinstellungen. Diese sind Erbarmen, Mitfreude, Gleichmut und der liebevolle Umgang und die Freundlichkeit gegenüber Menschen, Tieren und Pflanzen. Diese Aspekte sind für Buddhisten sehr wichtig!

EA

Aufgabe 3:   *Beantworte die folgenden Fragen in vollständigen Sätzen mit deinen eigenen Worten:*

a)   *Wie beten Buddhisten?*

_____

_____

b)   *Welche Besonderheiten gibt es, wenn Mönche zum Beten zu den Buddhisten nach Hause kommen?*

_____

_____

c)   *Nenne die beliebtesten Opfergaben.*

_____

_____

d)   *Was ist eines der wichtigsten Gebete der Buddhisten?*

_____

Lernwerkstatt „Den Buddhismus kennen lernen" – Bestell-Nr. 11 259

KOHL VERLAG
Der Verlag mit dem Baum
www.kohlverlag.de

Aufgabe 4: *Wie betest du? Welche Gebete kennst du und welche sind dir wichtig?*
Schreibe dein Lieblingsgebet auf und gestalte es nach deinem Wunsch (Schriftart, Rahmen, Symbole, Bilder etc.).

EA

Aufgabe 5: *Erbarmen, Mitfreude und Gleichmut sind drei der wichtigsten Grundeinstellungen eines Buddhisten. Erklärt mit euren eigenen Worten die vierte noch fehlende wichtige Grundeinstellung.*

PA

Lernwerkstatt
„Den Buddhismus kennen lernen" – Bestell-Nr. 11 259
www.kohlverlag.de

III. Bräuche, Weisheiten und Riten

Die drei Juwelen

Im Zentrum des Buddhismus stehen drei wichtige Dinge, man nennt sie die drei Juwelen. Das erste Juwel ist der Buddha als menschliches Vorbild der absoluten Erleuchtung. Das zweite Juwel ist der Dharma, die Lehren und Praktiken Siddhartha Gautamas, die den Weg zur Erleuchtung weisen. Das dritte und letzte Juwel bezeichnet den Sangha, die Gemeinschaft aller Menschen, die die Erleuchtung anstreben.

Aufgabe 6:   *Benenne die jeweiligen Bedeutungen der Juwelen.*

EA

Aufgabe 7:   *Welche Dinge in deinem Leben würdest du als deine Juwelen bezeichnen?*

EA

_____

_____

_____

_____

Die vier edlen Wahrheiten
und die Arten des Leids

Die vier edlen Wahrheiten bilden die Grundlage der buddhistischen Lehre. Die ersten drei Wahrheiten befassen sich mit dem irdischen Leiden. Die vierte Wahrheit zeigt den Menschen den Weg auf, den sie beschreiten müssen, um sich von allem Leid zu befreien.

Die erste Wahrheit lehrt, dass jede Existenz mit Leid einhergeht, denn weder unsere menschliche Natur, noch die Welt, in der wir leben, sind perfekt. Unser Leben ist immer wieder von körperlichem und seelischem Leid geprägt. Die drei verschiedenen Arten von Leid, zwischen denen Buddha unterscheidet werden weiter unten aufgeführt.

Die zweite Wahrheit ist, dass Leid immer eine Ursache hat. Das ist in unserem Falle oftmals das Festhalten an vergänglichen Dingen und dass wir diese Tatsache nicht wahrhaben wollen.

Die dritte Wahrheit besagt, dass unser Leid von uns abfällt, wenn die Ursache für unser Leid erlischt.

Die vierte und letzte Wahrheit lehrt, dass es einen Weg gibt, um sich des Leids zu entledigen. Dieser Weg wird Edler Achtfacher Pfad oder auch Mittlerer Weg genannt. Dieser Weg ist geprägt von materieller Entbehrung und vieler meditativer Stunden.

Die drei Arten von Leid

Buddha beschreibt in seinen Lehren drei verschiedene Arten von Leid. Diese werden je nach dem erreichten Bewusstseinszustand des Menschen unterschiedlich wahrgenommen.

Die erste Form des Leids entsteht durch unsere Identifikation und unsere Bindung an unseren Körper. Dadurch sind wir empfänglich für Alter, Krankheit und Tod und dieses Wissen bereitet uns Kummer.

Die zweite Form des Leids ist die Bewusstheit, das alles vergänglich ist und kein Glück ewig währt. Das Leben unterliegt stetigen Veränderungen und diese machen uns oft Angst.

Die dritte Form des Leids bezieht sich auf die Bedingtheit unseres Seins. Das bedeutet, dass wir uns bewusst werden, dass wir keine Kontrolle über unser Leben haben.

Die Erleuchtung kann man nur erlangen, wenn es einem gelingt, diese drei Formen des Leids hinter sich zu lassen.

Lernwerkstatt „Den Buddhismus kennen lernen" – Bestell-Nr. 11 259

Aufgabe 8: *Erstellt jeweils ein Cluster zu den Themen „Leid" und „Glück".*

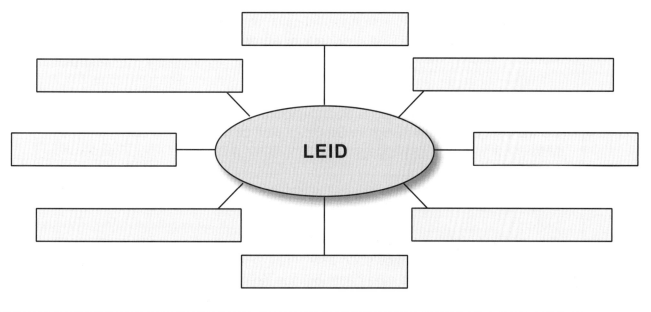

LEID

- -

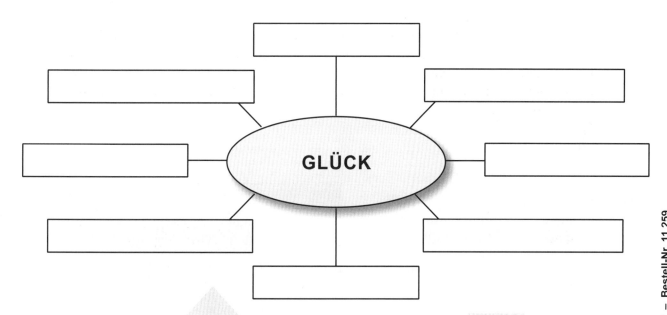

GLÜCK

Aufgabe 9: *Diskutiert in der Gruppe über folgende Fragestellungen und notiert dazu Stichworte in euer Heft.*

→ ***Was brauchst du, um glücklich zu sein?***

→ ***Wie würdest du Glück / Unglück definieren?***

→ ***Wie geht man am besten mit Unglück um?***

→ ***Wie könnte es uns im Alltag gelingen, besser mit Leid umzugehen?***

Lernwerkstatt „Den Buddhismus kennen lernen" – Bestell-Nr. 11 259

KOHL VERLAG
www.kohlverlag.de

Die sechs befreienden Handlungen

Die sechs befreienden Handlungen müssen von den Menschen, die auf der Suche nach Erleuchtung sind verinnerlicht werden und dann im Alltag ihre Anwendung finden. Diese Handlungen werden auch Bodhisattvas-Handlungen genannt.

Die ersten vier Handlungen beziehen sich hauptsächlich auf die positive Gestaltung zwischenmenschlicher Beziehungen.

Da wäre als **erste Handlung** die Großzügigkeit zu nennen. Wir sollen unseren Mitmenschen großzügig begegnen und mit ihnen materielle Güter, Freude und Kraft teilen.

Als **zweite Handlung** wird das sinnvolle Verhalten aufgeführt. Darunter versteht man das Vermeiden von Konflikten und Mitmenschen seine Hilfe anzubieten.

Die **dritte Handlung** bezieht sich auf unsere Ausgeglichenheit und Geduld. So sollten wir jedem Lebewesen entspannt, mitfühlend und ohne Vorurteile gegenüber treten und so eine bestmögliche Kommunikation herstellen.

Die **vierte Handlung** lautet freudige Anstrengung und fordert uns dazu heraus, stets unser Bestes zu geben und dieses Beste für uns und unsere Mitmenschen anzustreben.

Die **fünfte Handlung** ist die Meditation, die in unserem Bewusstsein Raum und Freiheit für neue Gedanken und Sichtweisen schafft und uns hilft, Sachverhalte weniger voreingenommen zu betrachten.

Die sechste Handlung und womöglich die schwierigste besteht darin, Weisheit zu erlangen.

EA

Aufgabe 10: *Wo findet man im Alltag Beispiele für die befreienden Handlungen? Schreibe in dein Heft.*

KOHL VERLAG
Lernwerkstatt
„Den Buddhismus kennen lernen" – Bestell-Nr. 11 259
www.kohlverlag.de

Die zwölf Taten des Buddhas

Die zwölf Taten sind die Taten, die jeder Buddha vollziehen muss. Siddhartha Gautama war der vierte Erleuchtete, der diese Taten vollführte. Nachdem die Buddhas weltliche und spirituelle Einsichten hatten erlangen sie die Erleuchtung und können fortan viele andere Menschen in ihren Lehren und Einsichten unterweisen.

Die erste Tat Siddhartha Gautamas bestand darin in Form eines weißen Elefanten aus dem Tushita-Himmel, dem Bereich voller Freude, herabzusteigen. Dann trat Buddha in den Mutterleib der Königin Maya ein. Diese war während ihrer Schwangerschaft unsagbar glücklich und hatte bewegende Träume.

Als dritte Tat folgte die Geburt Buddhas im heutigen Nepal. Schon früh zeigte sich, dass er ein ganz besonderer Mensch war.

Buddha wuchs in einem sehr behüteten Umfeld auf und widmete sich mit großem Erfolg dem Studium der Handwerke und der Künste. Er erwies sich als ausgesprochen gelehriger Schüler.

Dann folgte eine Zeit, in der sich Buddha den weltlichen Freuden des Palast- und Familienlebens hingab.

Als sechste Tat folgten die Entsagung von den weltlichen Gütern und die spirituelle Entwicklung Buddhas.

Anfangs erprobte Siddhartha die Askese. Das bedeutet, er versuchte sich in Hinblick auf religiöse und philosophische Fragen selbst zu schulen.

Danach ging Buddha nach Bodghaya (Nordindien) und ließ sich unter einem Feigenbaum nieder und meditierte mit der Absicht, so lange unter dem Baum zu verweilen, bis er das Leiden für alle Lebzeiten überwunden hätte.

Schließlich muss Siddhartha noch die letzten karmischen Hinderniskräfte überwinden.

Als zehnte Tat erlangt Siddhartha Gautama, im Morgengrauen des Vollmondtages im Mai, die vollkommene Erleuchtung.

Buddha ist an diesem Tag 35 Jahre alt.

Nun endlich kann sich Buddha als „Erwachter" bezeichnen und das Dharma-Rad (Rad der Lehre) drehen. Das bedeutet, dass Buddha fortan allen Menschen einen Weg zur Befreiung vom Leid aufzeigen kann.

Die letzte Tat Buddhas ist, als er im Alter von 80 Jahren in Kushinagara ins Parinirwana eingeht.

Lernwerkstatt „Den Buddhismus kennen lernen" – Bestell-Nr. 11 259

III. Bräuche, Weisheiten und Riten

EA

Aufgabe 11: *Formuliere für jede der zwölf Taten des Buddhas eine kurze Überschrift.*

Beispiel: **1. Tat: Herabstieg aus dem Tushita-Himmel**
              2. Tat: ...

EA

Aufgabe 12: *Erkläre die folgenden Begriffe in eigenen Worten und in ganzen Sätzen.*

Erleuchtung:

Askese:

PA

Aufgabe 13: *Vergleicht die zwölf Taten des Buddhas mit den Taten, die Jesus vollbracht hat, als er auf die Erde kam. Was haben sie gemeinsam und welche Unterschiede gab es in ihren Taten?*

	Buddha	**Jesus**
Gemein-samkeiten		
Unter-schiede		

Lernwerkstatt „Den Buddhismus kennen lernen" – Bestell-Nr. 11 259

KOHL VERLAG
Der Verlag mit dem Baum
www.kohlverlag.de

III. Bräuche, Weisheiten und Riten

Das buddhistische Klosterleben

Zur Entstehungszeit des Buddhismus zogen die buddhistischen Mönche und Nonnen durch die umliegenden Ländereien, um die Lehren Buddhas zu predigen. Dieser Lebensstil ähnelte stark dem von Siddhartha Gautama, der bis zu seinem Tod im Alter von 80 Jahren predigend umherwanderte.

Die buddhistischen Klöster waren zunächst provisorisch errichtete Unterkünfte, um den Mönchen während der Regenzeit einen Unterschlupf zu bieten. Erst später wurden feste Unterkünfte errichtet, die als zentraler Ort der Zusammenkunft dienten.

Buddhistische Klöster sind nicht dafür gemacht, sich selbst zu versorgen. Die Mönche leben von den Almosen, die sie sammeln. Die Bevölkerung kann durch die Spenden ihr Karma verbessern.

Es gibt verschiedene Arten von buddhistischen Klöstern:

– Schul- und Lehrklöster, die dem Studium der buddhistischen Lehren und der Ausbildung von Mönchen und Laien gewidmet sind.
– Dorfklöster, die besonders für die Bevölkerung gedacht sind.
– Höhlen- und Waldklöster, die als Rückzugsorte und Orte der Meditation dienen.

Buddhistische Klöster werden bei ihrer Fertigstellung geweiht und bleiben auch dann geweihte Orte, wenn sie nicht mehr bewohnt werden oder verfallen.

Jeder buddhistische Junge geht mindestens für drei Monate in ein Kloster. Am Vortag des Eintritts in das Kloster werden dem Jungen die Haare geschoren. In einer feierlichen Zeremonie liest er zum Einstand ausgewählte religiöse Texte vor. Nach dieser Zeremonie gehört der Junge offiziell zum Kloster und erhält ein gelbes Gewand. Er kann sich dann entscheiden, ob er im Kloster bleiben möchte oder zu seiner Familie zurückkehren will. In dem Fall muss er sein gelbes Gewand wieder abgeben.

EA

Aufgabe 14: *Wie könnte ein Tag im Leben eines buddhistischen Mönches ablaufen? Mache dir Gedanken dazu und verfasse einen möglichen Tagesablauf.*
Schreibe in dein Heft/in deinen Ordner.

Lernwerkstatt „Den Buddhismus kennen lernen" – Bestell-Nr. 11 259

KOHL VERLAG
Der Verlag mit dem Baum
www.kohlverlag.de

III. Bräuche, Weisheiten und Riten

 Aufgabe 15: *Wie unterscheiden sich buddhistische Klöster von deutschen Klöstern? Beschreibt die beiden Bilder zunächst und fertigt dann eine Tabelle an, in ihr du die Unterschiede gegenüberstellt.*

PA

Kloster Taktsang, Bhutan

Kloster Bursfelde, Niedersachsen

buddhistisches Kloster	deutsches Kloster

 Aufgabe 16: *Kennt ihr ein deutsches oder gar ein buddhistisches Kloster in Asien? Recherchiert über das Kloster deiner Wahl im Internet und gestaltet eine Heftseite über dieses. Verwendet beispielsweise Bilder, um den Steck brief des Klosters so anschaulich wie möglich zu gestalten.*

PA

Name: _____

Ort: _____

Größe / Anzahl der Mönche / Nonnen:

_____

Leiter: _____

Besonderheiten: _____

_____

Lernwerkstatt „Den Buddhismus kennen lernen" – Bestell-Nr. 11 259

KOHL VERLAG
www.kohlverlag.de

Bilder von Buddha

Vor vielen Jahrhunderten wurde Buddha noch nicht in bildlicher Form dargestellt. Stattdessen wurde er symbolisch in Form eines Elefanten oder lediglich sein Fußabdruck abgebildet.

Erst ab etwa 300 vor Christus begann sich die künstlerische Darstellung von Buddha zu wandeln. Kunsthistoriker vermuten, dass der Kontakt zu griechischen Künstlern dafür ausschlaggebend war. Die buddhistischen Künstler begannen naturgetreue Darstellungen Siddhartha Gautamas anzufertigen. Die angefertigten Buddha-Statuen waren ein gutes Hilfsmittel für die umherziehenden Predigermönche. Oftmals wurde Buddha deutlich größer als andere Statuen abgebildet, um seine spirituelle Überlegenheit zu verdeutlichen. Es entwickelten sich mit der Zeit auch andere, deutlich weniger realistische Stilrichtungen.

Siddhartha Gautama wird am häufigsten in sitzender Position dargestellt. Seine Beine sind im Lotussitz übereinander geschlagen und seine Hände in seinem Schoß gefaltet. Es gibt aber auch noch viele andersartige Darstellungen von Buddha.

EA

Aufgabe 17: *Kreuze die richtigen Aussagen an.*

a) ☐ Buddha wurde nie in bildlicher Form dargestellt.

b) ☐ Ausschlaggebend für die künstlerische Darstellung war vermutlichz der Kontakt zu griechischen Künstlern.

c) ☐ Statuen sind sehr selten angefertigt worden und haben wenige Menschen interessiert.

d) ☐ Buddhas Statuen waren oft viel größer als gewöhnliche Statuen.

e) ☐ Siddharta wird meistens in sitzender Position dargestellt.

f) ☐ Es gibt nur eine Darstellung von Buddha.

Lernwerkstatt „Den Buddhismus kennen lernen" – Bestell-Nr. 11 259
KOHL VERLAG
www.kohlverlag.de

EA

Aufgabe 18: *Erstelle deine eigene bildliche Darstellung von Buddha. Du kannst dir auch die Informationen aus dem Infotext zur Hilfe nehmen.*

PA

Aufgabe 19:

Siddharta wird auf den Bildern und Statuen oft mit einer Lotusblüte dargestellt. Erklärt, warum gerade die Lotusblüte ein zentrales Element in den Siddharta-Darstellungen ist.

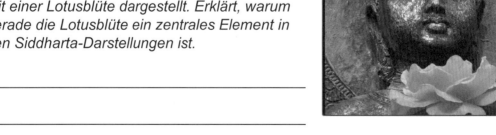

_____

_____

_____

_____

Lernwerkstatt „Den Buddhismus kennen lernen" – Bestell-Nr. 11 259

KOHL VERLAG
Der Verlag mit dem Baum
www.kohlverlag.de

III. Bräuche, Weisheiten und Riten

Symbol: Das Rad der Lehre

Das Rad ist ein weit verbreitetes Symbol für den Buddhismus und steht für die Lehren Buddhas. Die einzelnen Speichen sollen wichtige Regeln auf dem Weg zur Erkenntnis symbolisieren. Meist wird das Rad der Lehre mit acht Speichen dargestellt, die den Achtfachen Pfad zur Erleuchtung symbolisieren.

Die erste Speiche beschreibt das rechte Erkennen der Lehre Buddhas, die für die Erleuchtung grundlegend ist.

Die zweite Speiche des Rades fordert dazu auf, den Lehren zu folgen und ihnen gerecht zu werden.

Die dritte Speiche lehnt „böses Geschwätz", Lügen und Lästereien ab und verlangt Gutes zu Reden.

Die vierte Speiche mahnt nichts zu nehmen, was uns nicht gegeben wurde und in unserem sinnlichen Vergnügen Maß zu halten.

Man soll, der fünften Speiche nach, sein Leben so führen, dass keinem anderen Lebewesen Leid zugefügt wird und kein anderer Schaden trägt.

Die sechste Speiche vom „Rad der Lehre" lehrt das Bemühen und das Durchhaltevermögen beim Loslassen der weltlichen Wünsche, um nicht mehr in Abhängigkeit und Gier zurückzufallen.

Das Wachsein und die Konzentration sowohl im Alltag als auch in der Meditation wird in der siebten Speiche gelehrt.

Die achte und letzte Speiche verrät uns, dass die konzentrierte Meditation das Denken und Fühlen zur Ruhe bringen soll.

Durch diesen achtfachen Pfad soll man zur Erleuchtung gelangen, wenn man die Schritte in der richtigen Reihenfolge durchführt.

Aufgabe 20: *Zeichnet einen Kreis mit acht Unterteilungen, das Rad der Lehre. Tragt dann die vorgegebenen Begriffe in einer logischen Reihenfolge ein.*

PA

Rechtes Leben – Rechte Erkenntnis – Rechtes Reden –
Rechte Gesinnung – Rechtes Sich-Versenken – Rechtes Streben –
Rechte Achtsamkeit – Rechtes Handeln

KOHL VERLAG
Den Verlag mit dem Baum
www.kohlverlag.de

Lernwerkstatt
„Den Buddhismus kennen lernen" – Bestell-Nr. 11 259

IV. Abschlusstest

EA

Mit diesem Abschlusstest kannst du prüfen, wie gut du dir das erlernte Wissen zum Buddhismus eingeprägt hast. Löse die folgenden Aufgaben in vollständigen Sätzen.

1) *Wie heißt das heilige Buch der Buddhisten und aus wie vielen Teilen besteht es?*

_____

_____

_____

2) *Was ist das höchste Ziel eines Buddhisten?*

_____

_____

_____

3) *Was bedeutet das Wort „Samsara"?*

_____

_____

4) *Welche buddhistischen Wege gibt es?*

_____

_____

5) *Woher stammt der Buddhismus ursprünglich und auf welchem Kontinent ist er besonders weit verbreitet?*

_____

_____

_____

6) *Was versteht man unter „Sangha"?*

_____

_____

KOHL VERLAG
Der Verlag mit dem Baum
www.kohlverlag.de
Lernwerkstatt
„Den Buddhismus kennen lernen" – Bestell-Nr. 11 259

IV. Abschlusstest

7) *Was ist das höchste Ziel der buddhistischen Meditation?*

🖉 _____

_____

_____

8) *Welche Aufgaben übernimmt der Dalai Lama?*

_____

_____

_____

_____

9) *Nenne ein buddhistisches Fest deiner Wahl und erläutere seine Bedeutung.*

_____

_____

_____

_____

10) *Was sind die „drei Juwelen des Buddhismus"?*

_____

_____

11) *Welche Arten von buddhistischen Klöstern gibt es?*

_____

_____

_____

_____

12) *Wie wird Siddharta Gautama besonders häufig dargestellt?*

_____

_____

KOHL VERLAG · Der Verlag mit dem Baum · www.kohlverlag.de · Lernwerkstatt „Den Buddhismus kennen lernen" – Bestell-Nr. 11 259

Allgemeine Informationen

Aufgabe 1: Individuelle Lösung.

Aufgabe 2:

Land	Kontinent
- Thailand	Asien
- Nepal	Asien
- Laos	Asien
- Sri Lanka	Asien
- Kambodscha	Asien
- China	Asien
- Japan	Asien
- Tibet	Asien
- Korea	Asien
- Mongolei	Asien
- Bhutan	Asien
- Myanmar	Asien

Aufgabe 3:

a) Der Buddhismus stammt ursprünglich aus Indien. Am stärksten ist er in asiatischen Ländern vertreten.

b) Der Buddhismus wendet sich an Bevölkerungsgruppen, die auf der Suche nach einem tieferen Sinn sind.

c) Der Buddhismus versucht Wege aus der Unvollkommenheit und Wege aus dem Leid aufzuzeigen hin zu mehr Glück und Zufriedenheit.

Aufgabe 4:

Dharma: Die Lehren Buddhas nennt man „Dharma".

Sangha: Als „Sangha" bezeichnet man die Gemeinschaft der praktizierenden Buddhisten.

Buddha: „Buddha" bedeutet „Der Erleuchtete". Er ist zentrale Figur der Buddhisten und heißt mit richtigem Namen Siddharta Gautama.

Aufgabe 5: Christentum, Judentum, Islam, Hinduismus

Lernwerkstatt „Den Buddhismus kennen lernen" – Bestell-Nr. 11 259

KOHL VERLAG
Der Verlag mit dem Baum
www.kohlverlag.de

Lösungen

I. Geschichte – Hintergründe – Glauben

Aufgabe 1:   Individuelle Lösung in Anlehnung an den Infotext.

Aufgabe 2:
1. Nepal
2. Tushita-Himmel
3. Asita
4. Leichnam
5. Erleuchtung
6. Kushinagara   Lösungswort: **ENTSAGUNG**

Aufgabe 3:   a)
1. Theravada
2. Mahayana
3. Vajrayana
   b) Individuelle Lösungen in Anlehnung an den Infotext.

Aufgabe 4:   A – 3, 5;   B – 2, 6;   C – 1, 4

Aufgabe 5:   Individuelle Lösungen.

Aufgabe 6:   Vinaya, Sutra, Abhidarma

Aufgabe 7:   Bibel (Christentum), Koran (Islam), Thora (Judentum), Veden (Hinduismus)

Aufgabe 8:   Oberer Text: Buddhismus (Korb Sutra), unterer Text: Christentum (Lukas Evangelium 15,3)

Aufgabe 9:   Das Ziel der buddhistischen Meditation ist es, sich von allen störenden Ängsten, Gefühlen und Gedanken zu befreien und einen höheren Bewusstseinszustand zu erlangen.

Aufgabe 10:   Mögliche Reihenfolge: H, C, D, G, A, B, E, F

Aufgabe 12:   Richtige Aussagen: c), e)

Aufgabe 13:   Individuelle Lösung. *Beispiel: Das Karma bezeichnet zunächst alle guten und schechten Handlungen in unserem ganzen Leben. Das Karma hat eine große Auswirkung auf den Kreislauf des Lebens.*

Aufgabe 14:   Der Reihe nach werden eingesetzt: Wiedergeburt, Körper, Tieres, Menschen, Geist, Nirwana, Karma, schnell, zukünftiges

Aufgabe 15:
Christentum: Jesus, Himmelreich
Buddhismus: Reinkarnation, Nirwana
Hinduismus: Reinkarnation, Kastensystem
Judentum: Tora, Synagoge
Islam: Gericht, Leichnam in Richtung Mekka, Moschee

Aufgabe 16:

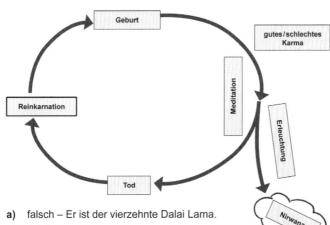

Aufgabe 17:
a) falsch – Er ist der vierzehnte Dalai Lama.
b) richtig
c) falsch – Er war das weltliche Oberhaupt von Tibet.
d) richtig
e) richtig
f) falsch – Der jetzige Dalai Lama erhielt 1989 den Friedensnobelpreis.

Lernwerkstatt „Den Buddhismus kennen lernen" – Bestell-Nr. 11 259
KOHL VERLAG   www.kohlverlag.de

Lösungen

I. Geschichte – Hintergründe – Glauben

Aufgabe 18: Individuelle Lösung in Anlehnung an den Infotext.

Aufgabe 19: Individuelle Lösungen, Beispiele: Im Hinduismus setzte sich Mahatma Gandhi für die Gewaltlosigkeit und die Rechte der Armen und Unterdrückten ein. Im Christentum: Papst als Oberhaupt der katholischen Kirche usw.

II. Feste des Buddhismus

Aufgabe 1:
a) Buddha kam auf einem weißen Elefanten aus dem Tushita-Himmel herab.

b) Die Mönche erhalten am Ende der Regenzeit neue Gewänder und eine Essensspende.

c) Man erinnert sich an die Geburt Buddhas und an seine Erleuchtung in der heiligen Nacht.

d) Man sendet den Freunden und Verwandten Postkarten.

e) Der besondere Elefant trägt den Zahn Buddhas auf seinem Rücken in den Tempel.

f) Im Theravada-Buddhismus ist das Uposatha-Fest von großer Bedeutung. An diesem Tag besuchen die Laien möglichst ein Kloster, studieren die Lehren Buddhas und verschenken kleine Gaben.

g) Dieses Fest erinnert an die Rede Buddhas an seine fünf Schüler vor seiner Erleuchtung.

h) Die Mönche studieren die Lehren Buddhas und meditieren verstärkt in der Fastenzeit Khao Phansa.

Aufgabe 2: Individuelle Lösungen.

Aufgabe 3: Individuelle Lösungen.

Aufgabe 4: Esala-Perahera-Fest

III. Bräuche, Weisheiten und Riten

Aufgabe 1: Individuelle Lösungen.

Aufgabe 2:

	Zehn Gebote	Buddhistische Gebote und Regeln (für Mönche)
Gemeinsam-keiten	nicht töten nicht lügen nicht stehlen nichts Unsittliches tun	
Unterschiede	• keine Ehebrechung • Verehrung von Vater und Mutter • kein Abbild von Gott verschaffen • Gottes Namen nicht missbrauchen • Heiligung des Feiertages	• keine berauschenden Mittel • keine Freude an Musik, Tanz, Schauspiel • kein Gold oder Silber annehmen • kein Schmuck oder wohlriechende Kosmetika • nicht in einem hohen und breiten Bett schlafen • nicht zu unerlaubter Zeit essen

Aufgabe 3:
a) Buddhisten beten überwiegend zu Hause vor ihren kleinen Schreinen.

b) Die Mönche stehen vom Rang über den Buddhisten und dürfen daher symbolisch auf Stühlen sitzen.

c) Kerzen, Weihrauch und Lotusblüten sind beliebte Opfergaben.

d) Eines der wichtigsten buddhistischen Gebete ist die „Dreifache Zufluchtnahme".

Aufgabe 4: Individuelle Lösungen.

Aufgabe 5: Die vierte Grundeinstellung ist der liebevolle Umgang mit Menschen und Lebewesen.

Lernwerkstatt „Den Buddhismus kennen lernen" – Bestell-Nr. 11 259
KOHL VERLAG · Der Verlag mit dem Baum · www.kohlverlag.de

Lösungen

III. Bräuche, Weisheiten und Riten

Aufgabe 6: **Buddha** als menschliches Vorbild (der absoluten Erleuchtung),
Dharma (die Lehren und Praktiken Buddhas),
Sangha (die Gemeinschaft)

Aufgabe 7: Individuelle Lösungen.

Aufgabe 8: Individuelle Lösungen.

Aufgabe 9: Individuelle Lösungen.

Aufgabe 10: 1. Meditation, 2. Ausgeglichenheit, 3. Sinnvolles Verhalten, 4. Großzügigkeit, 5. Freudige Anstrengung (Sport), 6. Weisheit erlangen

Aufgabe 11: <u>Zum Beispiel</u>:

1. Herabstieg aus dem Tushita-Himmel
2. Eintreten in Mutterleib
3. Geburt Buddhas
4. Studium der Künste
5. Weltliche Freuden
6. Entsagung von weltlichen Gütern
7. Askese
8. Meditation
9. Hinderniskräfte überwinden
10. Vollkommene Erleuchtung
11. Drehen des Dharma-Rads
12. Eingehen ins Parinirwana

Aufgabe 12: **Erleuchtung:** Als Erleuchtung bezeichnet man die vollkommene Loslösung von weltlichen Belangen und das Erreichen eines höheren Bewusstseinszustandes.
Askese: Als Askese bezeichnet man die strenge Selbstschulung hinsichtlich religiöser und philosophischer Fragen.

Aufgabe 13:

	Buddha	**Jesus**
Gemeinsam-keiten	**Lehren der Jünger**	
Unterschiede	• Herabsteigen aus dem Himmel auf einem weißen Elefanten • stieg in Mutterleib ein • erlangte die Erleuchtung durch die Meditation	• kam in einem Stall in Bethlehem zur Welt • Mutter Maria wurde von einem Engel mit der Botschaft der Schwangerschaft überrascht • wurde verurteilt und gekreuzigt

Aufgabe 14: Individuelle Lösungen.

Aufgabe 15: Individuelle Lösung; Beispiel:

buddhistisches Kloster	**deutsches Kloster**
• sehr verschnörkelte Bauweise • spezielle Dachform • farbenprächtig	• Steinbauten • oft relativ schlicht • einfarbig

Aufgabe 16: Individuelle Lösungen.

Aufgabe 17: <u>Richtige Aussagen</u>: b), d), e)

Aufgabe 18: Individuelle Lösungen.

Aufgabe 19: Da Buddha auf Bildern oder Statuen immer im Lotussitz sitzt, wird ihm oft eine Lotusblüte als Symbol für die innere Ruhe und Meditation zugewiesen.

Aufgabe 20: Im Uhrzeigersinn: Rechte Erkenntnis, Rechte Gesinnung, Rechtes Reden, Rechtes Handeln, Rechtes Leben, Rechtes Streben, Rechte Achtsamkeit, Rechtes Sich-Versenken

Lernwerkstatt „Den Buddhismus kennen lernen" – Bestell-Nr. 11 259

KOHL VERLAG
Der Verlag mit dem Baum
www.kohlverlag.de

IV. Abschlusstest

1) Das heilige Buch der Buddhisten wird Tripitaka genannt und besteht aus drei Körben mit unterschiedlichen Schriften.

2) Das höchste Ziel der Buddhisten ist es, die Erleuchtung zu erlangen und ins Nirwana einzugehen.

3) Unter dem Begriff „Samsara" verstehen Buddhisten den Kreislauf von Leben und Wiedergeburt.

4) Es gibt drei Wege im Buddhismus, die Vajrayana, Mahayana und Theravada genannt werden.

5) Der Buddhismus stammt ursprünglich aus Indien und ist besonders in asiatischen Ländern weit verbreitet.

6) Als „Sangha" bezeichnet man die Gemeinschaft der praktizierenden Buddhisten.

7) Das höchste Ziel der buddhistischen Meditation ist es, sich von negativen Gefühlen zu lösen, positive Eindrücke zu sammeln und sich mit seiner eigenen Buddha-Natur zu identifizieren.

8) Der Dalai Lama ist der Sprecher der buddhistischen Welt und gilt als Weisheitslehrer, der sich für den Frieden einsetzt.

9) Individuelle Lösung

10) Die Juwelen sind Dharma (die Lehren Buddhas), Buddha und Sangha (die Gemeinschaft).

11) Man unterscheidet zwischen Klöstern, die als Rückzugsorte dienen, Klöstern, die dem Studium der buddhistischen Lehre gewidmet sind und Klöstern, die besonders für die Bevölkerung gedacht sind.

12) Siddharta wird besonders häufig im Lotussitz dargestellt. Seine Hände sind in seinem Schoß zusammengelegt.

Bildnachweis:

Seite 7:   wikimedia.org
Seite 18:   Dieter Schütz/pixelio.de
Seite 20:   verlorenewahrheit.de
Seite 22:   Tevaprapas Makklay
Seite 23:   planetarypopular.com
Seite 24:   Dumman/pixeliio.de; orange-sinne.de
Seite 25:   spirii.de
Seite 26:   Chanakal/wikimedia.org
Seite 37:   tipps-vom-experten.de
Seite 38:   Douglas J. McLaughlin/wikimedia.org
Seite 39:   Manfred Schütze/pixelio.de; Bobby Metzger/pixelio.de;
            Lisa Spreckelmeyer/pixelio.de
Seite 40:   D. Kreikemeier/pixelio.de
Seite 41:   Ignat/Genehmigung GDFL + creative commons 2.5/wikimedia.org

Lernwerkstatt „Den Buddhismus kennen lernen" – Bestell-Nr. 11 259

KOHL VERLAG
Der Verlag mit dem Baum
www.kohlverlag.de